Mehr Geschichten für Kinder

Elizabeth Shaw (1920–1992), geboren in Belfast/Nordirland, lebte in Berlin. Für viele Zeitschriften und Verlage schuf sie ihre unverwechselbaren Karikaturen, illustrierte u. a. Bücher von Bert Brecht, Mark Twain, James Krüss und Astrid Lindgren. Ihre eigenen Bücher wurden zu Klassikern der Kinderliteratur. Drei der bekanntesten Geschichten finden sich im vorliegenden Sammelband. Die außerdem enthaltene Geschichte *Das Labyrinth im Mais,* die Elizabeth Shaw wenige Jahre vor ihrem Tod schrieb und illustrierte, wird hier zum ersten Mal veröffentlicht.

Elizabeth Shaw

Mehr Geschichten für Kinder

Die Schildkröte hat Geburtstag
Die Landmaus und die Stadtmaus
Bettina bummelt
Das Labyrinth im Mais

BELTZ
Der Kinderbuch Verlag

Dieses Buch ist erhältlich als:
ISBN 978-3-407-77130-8 Print

MIX
Papier | Fördert gute Waldnutzung
FSC® C089473

Verlagsgruppe Beltz
Werderstraße 10, 69469 Weinheim
service@beltz.de

Umschlagillustration: Elizabeth Shaw
Druck und Bindung: Beltz Grafische Betriebe, Bad Langensalza
Beltz Grafische Betriebe ist ein Unternehmen mit finanziellem Klimabeitrag (ID 15985-2104-1001).
Printed in Germany
10 11 12 27 26 25

Weitere Informationen zu unseren Autor:innen und Titeln finden Sie unter: www.beltz.de

Die Schildkröte hat Geburtstag

Die Schildkröte hatte Geburtstag.
Als sie im klaren Morgenlicht aufwachte, dachte sie: Heute habe ich Geburtstag! Ob ich Geschenke bekomme? Am liebsten möchte ich einen großen grünen, saftigen Salatkopf haben! Hoffentlich denkt einer daran!

Zuerst kam der Löwe. „Einen fröhlichen Geburtstag, Schildkröte!“, rief er. „Ich habe dir etwas Schönes mitgebracht! Ein großes Stück Fleisch!“

Die Schildkröte freute sich, dass der Löwe an ihren Geburtstag gedacht hatte. Sie war auch eine höfliche Schildkröte.

„Vielen Dank, lieber Löwe“, sagte sie, „es ist nett von dir zu kommen. Aber ich esse nicht gern Fleisch. Ich esse am liebsten grünen Salat. Iss es selbst auf und wir plaudern ein bisschen dabei.“

„Du weißt wirklich nicht, was gut schmeckt“, sagte der Löwe und verspeiste das Fleisch mit großem Appetit. Bevor er ging, erzählte er noch von seinen mutigen Abenteuern.

Der nächste Besuch war der Elefant. „Einen fröhlichen Geburtstag, Schildkröte!“, sagte er. „Ich habe dir einen Eimer Wasser zum Plantschen mitgebracht!“

„Das ist sehr liebenswürdig von dir“, sagte die Schildkröte, „aber Wasser habe ich nicht gern – nur vielleicht ein paar Tropfen Tau auf einem grünen Salatblatt.“

„Du kannst dich mit dem Rüssel duschen!“, sagte der Elefant. „Es macht großen Spaß!“

„Dann dusch du dich doch bitte“,
sagte die Schildkröte, und der Elefant duschte sich tüchtig, bis das Wasser alle war. Dann sagte er auf Wiedersehen und ging.

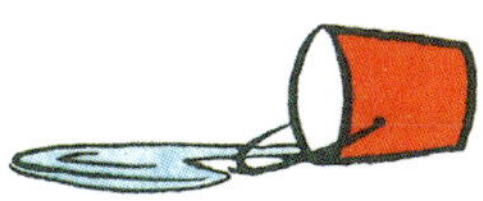

Nach ihm kam der Pelikan. „Einen fröhlichen Geburtstag, Schildkröte!“, sagte er. „Ich habe eine Überraschung für dich!

Guck mal in meinen Schnabel hinein!“
Darin lag ein großer Fisch. „Vielen Dank“, sagte die Schildkröte, „aber Fisch esse ich nicht. Iss du ihn selbst auf und erzähle mir, wie du ihn gefangen hast.“
Der Pelikan verschluckte den Fisch und erzählte, wie ihm ein Blauwal um Haaresbreite entkommen war.
Dann flog er nach Hause.

Nach einer Weile kam das Nashorn.
„Einen fröhlichen Geburtstag, Schildkröte!“, schnaufte es. „Ich habe dir ein Schlammbad mitgebracht.“
„Vielen Dank“, sagte die Schildkröte, „aber Schlamm habe ich nicht gern – nur wenn ein junger Salatkopf darin wächst.

Willst du nicht selbst ein Bad zur Erfrischung nehmen?“
Das Nashorn kletterte fröhlich hinein.

„Es wäre sonst schade darum“,
sagte es und rollte sich darin,
bis es ganz dreckig war.

„Das war sehr beruhigend“, sagte es,
„aber jetzt muss ich nach Hause!
Es ist schon spät.“

Die Sonne ging langsam unter und die
Schildkröte wurde ein bisschen traurig.
Mein Geburtstag ist fast vorbei,
dachte sie.

Es war nett von meinen Freunden, mich zu besuchen
und so viele Geschenke zu bringen. Aber ich hätte
so gerne nur einen ganz kleinen Salatkopf bekommen.
Vielleicht im nächsten Jahr!
Eine Träne rollte ihre Wange herunter.

Plötzlich hörte sie eine kleine Stimme. „Schildkröte! Bist du noch wach?“ Es war die Maus mit einem großen Paket. „Einen fröhlichen Geburtstag!“, piepste sie. „Ich komme leider sehr spät, aber das Paket war so schwer zu schleppen.“
„Was kann nur darin sein!“, rief die Schildkröte.

Sie machte es auf. Darin lag ein Salatkopf. Groß. Grün. Saftig. Mit ein paar Tropfen Tau auf den inneren Blättern. „Liebe Maus!“, rief die Schildkröte. „Genau das, was ich mir wünschte! Woher hast du es nur gewusst?

Bitte setz dich. Ich werde dir ein Lied vorsingen, weil ich so glücklich bin." Sie sang:

„Groß ist der Elefant,
der Löwe hat Mut,
geschickt ist der Pelikan,
das Nashorn meint's gut.
Aber nur die kleine Maus
hat wirklich nachgedacht.
Darum hat sie das gefunden,
was mir viel Freude macht! –

Du bist meine allerbeste Freundin, weil du mich verstehst", sagte die Schildkröte und gab ihr einen Kuss.

Die Maus ging dann nach Hause und die Schildkröte aß den ganzen Salatkopf auf. Er schmeckte ihr großartig.

„Das war ein wunderbarer Geburtstag“,
sagte sie zum aufgehenden Mond.
Dann zog sie ihren Kopf in den Panzer
zurück –

und schlief glücklich ein.

Die Landmaus und die Stadtmaus

Es war einmal eine Landmaus, die lebte weit entfernt in einem Dorf in den Bergen. Mit den Großeltern bewohnte sie ein Landhäuschen. Sie pflanzten und ernteten, was sie gerne aßen. Auf dem Hof hielten sie Hühner, Enten und einige Ziegen.
Die Großmutter wusch die Wäsche und kochte das Essen. Das Wasser holte sie aus dem Brunnen. Für den Ofen benötigte sie Holz.
Der Großvater saß meist unter dem Apfelbaum. Er rauchte seine Pfeife und dachte über das Leben nach. Dann und wann schaute er, ob jemand zu Besuch kam.

Sie lebten so, wie ihre Mütter und Väter und ihre Großväter und Großmütter es vor ihnen getan hatten. Es passierte nicht viel, alles ging sehr langsam. Doch eines Tages hörten sie ein Knattern. Es wurde lauter und lauter. „Was ist das für ein Lärm?“, rief der Großvater.

Es war die Stadtmaus auf ihrem Motorrad. „Ich wollte mal sehen, wie es euch geht!“, sagte sie. „Mein Gott, ist es hier leise. Richtig unheimlich! – Und alles geht so langsam. Diese Ruhe ist nicht auszuhalten. Ich glaube, ich fahre wieder zurück. Willst du nicht mit mir in die große Stadt kommen?“, fragte die Stadtmaus.

„Nun ...“, antwortete die Landmaus, weil sie nicht wusste, ob sie ihre Großeltern allein lassen konnte.
„Gut“, sagte die Großmutter, „jeder sollte etwas von der Welt sehen. Du kannst gerne für eine Weile fortgehen.“
So setzte sich die Landmaus gespannt hinten auf das Motorrad und sie fuhren davon.
„Sie wird bald zurück sein“, sprach der Großvater. „Mein Großvater ist auch einmal in die Stadt gefahren und dann sehr schnell wieder zurückgekehrt. Er kam dort als Landmaus nicht zurecht.“

Die Landmaus staunte über die riesigen Häuser und die vielen Mäuse und Autos auf den Straßen. „Es muss Freude machen, hier zu wohnen“, sagte sie.

„Dort in der 15. Etage ist mein Apartment“, sprach die Stadtmaus stolz und zeigte nach oben auf den Wolkenkratzer.

Das Apartment war kleiner als Großvaters Häuschen und dennoch: Das Wasser kam aus einem Wasserhahn, das Licht konnte man mit einem Schalter einschalten. Es gab einen Kühlschrank und sogar eine Tiefkühltruhe. In der lagen gefrorene, fertig zubereitete Mahlzeiten, die man sich jederzeit aufwärmen konnte. Die Landmaus war verblüfft. „Du musst kein Holz besorgen, um Feuer zu machen, oder Wasser aus dem Brunnen holen. Du brauchst nichts zu pflanzen, zu ernten und zu kochen! Du könntest den ganzen Tag unter dem großen Apfelbaum sitzen, so wie es der Großvater tut!“

„Ich muss den ganzen Tag in der Fabrik arbeiten, um all dies zu bezahlen", antwortete die Stadtmaus. „Du kannst mich morgen zur Arbeit begleiten und mir helfen!"

Die Landmaus konnte lange nicht einschlafen. Weil die Autos, die unten auf der Straße fuhren, so viel Lärm machten. Und was würde sie morgen in der Fabrik erleben? Sie war sehr aufgeregt!

Am nächsten Tag gingen die beiden Mäuse
zur Arbeit wie tausend andere Stadtmäuse auch.
Es war Berufsverkehr, wie man sieht.

In der Fabrik arbeitete die Landmaus am Fließband. Sie musste drei dicke Nieten in ein Stück Eisen schlagen. „Was machen wir hier eigentlich?“, fragte sie die Stadtmaus.

„Keine Ahnung – aber das ist auch unwichtig. Hauptsache, wir erhalten unser Geld, denn die Bezahlung am Ende der Woche ist gut.“

Mit tausenden anderen Stadtmäusen gingen sie am Abend wieder von der Arbeit nach Hause.

Als die Mäuse in ihr Apartment kamen, waren sie sehr müde und fielen in die Sessel. Sie nahmen sich ein paar gefrorene Fischstäbchen aus der Tiefkühltruhe und aßen sie später vor dem Fernsehapparat. Jeden Abend und jeden Tag das Gleiche.

Aber an den Wochenenden, da gingen die Mäuse tanzen. Hier gaben sie viel Geld aus. So wurde die Landmaus durch ihre schwere Arbeit nicht reicher, denn das Leben in der Stadt war teuer.

Es vergingen einige Jahre und Tage, da hatte die Landmaus genug vom Stadtleben. Sie dachte an ihr ruhiges, stilles Dorf in den Bergen.

„Das Stadtleben ist nichts für mich“, sagte die Landmaus. „Es ist eine ständige Hetzjagd, aber ich bin doch bloß eine Maus. Ich fahre wieder zurück aufs Land.“
„Vielleicht ist es gut so“, meinte die Stadtmaus.
„Ich habe nämlich die Absicht zu heiraten und für drei ist mein Apartment ein wenig eng.“
So wünschte die Stadtmaus der Landmaus alles Gute und packte ihr einen Wanderbeutel. Die Landmaus ging dahin zurück, woher sie gekommen war.

Seitdem die Landmaus die Berge verlassen hatte, war eine neue Straße gebaut worden.

So traf sie auf ihrem Weg hunderte von Stadtmaus-Touristen, die die Stille der Berge suchten.

Als die Landmaus nach Hause kam, sah sie ein großes Schild: *Hot Dog Snackbar*. Die Großmutter lief ihr entgegen. Sie sah sehr schick aus. „Willkommen zu Hause!“, sagte sie. „Seitdem du fort bist, hat sich hier viel verändert!“

„Ich habe einen Schnellimbiss für die vorbeifahrenden Autotouristen eröffnet. Denn alle Touristen haben es eilig. Du könntest mir am Hot-Dog-Stand helfen. So können wir zweimal so viel verkaufen!“ Auch der Großvater arbeitete.

Die Stadtmäuse waren alle sehr besorgt, dass sie zu dick werden könnten. So stand er an der Mäusewaage und sammelte für das Wiegen Geld ein.

WIEGEN
NUR 50 PFENNIG
HOT DOG
SNACKBAR
ZIMMER MIT
FRÜHSTÜCK

Es wurden sehr, sehr viele Hot Dogs verkauft. Aber die Landmaus war damit nicht zufrieden. „Das Leben vorher hat mir besser gefallen“, sagte sie zur Großmutter. „Es riecht überall nach Benzin! Können wir nicht so wie früher leben? Es war so schön ruhig!“
„So wie früher?“, fragte die Großmutter. „Eimer mit Wasser schleppen und Holz hacken! Niemals! Es ist gut, dass wir jetzt Strom haben. – Wie weit möchtest du denn zurückgehen? Ins Steinzeitalter? Nein! Ich bin für den Fortschritt!“

„Ob ich mich den Hippies anschließe – vielleicht irgendwo in den Bergen? Aber was würde das verändern?“ Der Landmaus gefiel das moderne Landleben genauso wenig wie das Stadtleben, nämlich überhaupt nicht mehr.

Da beschloss sie, das Dorf zu verlassen und weiter bis zum Ende der Autostraße zu gehen. Irgendwo musste es doch noch ein ruhiges Fleckchen geben.
So ging sie weiter in die Berge. Entlang der Straße sah sie keine Bäume mehr. Es stank nach Benzin und die Vögel und Waldtiere waren verschwunden.

Die Landmaus kam an das Ende der Straße. Hier saßen die Straßenbauer und ruhten sich von ihrer schweren Arbeit aus.

„Die Stadtmaus-Touristen suchen immer die Natur und die Ruhe und machen dabei alles kaputt mit ihren vielen Autos!“, dachte die Landmaus.

Da beschloss sie gemeinsam mit den Straßenarbeitern, einen Kreisverkehr am Ende der Straße zu bauen.

„Die Fahrer müssen langsamer fahren! Anhalten und sich besinnen! Auf jeden Fall wird dies die Zahl der Verkehrsunfälle senken“, sagte die Landmaus.

Als sie langsam mit ihrem Lastwagen zurückfuhren, streuten sie Blumensamen aus, die der leichte Fahrtwind verteilte. Auf einige große Schilder schrieben sie: *Miteinander statt gegeneinander, Fahre rücksichtsvoll.*

Die Fahrer hinter ihnen fuhren langsamer, weil sie die vielen bunten Blumen bewunderten, die plötzlich aus der Erde sprossen. Einige stiegen sogar aus, um ihren Duft zu riechen. Sie dachten darüber nach, dass es noch andere Dinge gab als Überholen, Autos und Raserei.

Vor dem Haus ihrer Großeltern stieg die Landmaus aus. „Wenn die Städter nicht mehr so in Eile sind“, sagte sie zu der Großmutter, „haben sie mehr Zeit, etwas zu essen – aber keine Hot Dogs. Dein gutes Essen vom Lande werden sie genießen.“

So kam die Stadtmaus mit ihrer Braut zur Eröffnung des neuen *Gasthauses auf dem Lande*. Es wurde ein großer Erfolg.
Nach dem Essen konnte sich jeder im Garten hinter Großmutters Lokal entspannen und die Natur genießen.

Bettina bummelt

Als sich Bettina auf den Weg zur Schule
machte, sagte ihre Mutter:
„Tschüs, meine Kleine!
Und bummle nicht,
wenn du nach Hause gehst!“
„Ja, Mama“, sagte Bettina.

In der Schule saß Bettina still da und hörte der Lehrerin zu. Es war nicht leicht, so lange still zu sitzen. Nach der Schule freute sie sich, an der frischen Luft zu sein. Sie rannte ein wenig, um die Beine zu strecken.

Als sie an dem Spielzeugladen vorbeikam, blieb sie stehen.

Diesen Teddy möchte ich haben, dachte sie, und das Boot – ich würde es in der Badewanne segeln lassen. Und mit dem Flugzeug fliege ich um die ganze Welt ... Bettina fing an zu träumen.

Aber ich muss nach Hause, dachte sie nach einiger Zeit und ging langsam weiter.

Zu Hause war ihre Mutter ärgerlich.
„Wo warst du?“, fragte sie. „Ich habe die ganze Zeit gewartet und mir Sorgen gemacht!“

Bettinas Essen war lauwarm und sie setzte sich ganz allein an den Tisch. Ihre Mutter hatte längst zu Mittag gegessen.

Danach musste Bettina Hausaufgaben machen und ihrer Mutter helfen und bald ging der Tag zu Ende.

„Tschüs, meine Kleine", sagte die Mutter am nächsten Morgen. „Und komm direkt nach der Schule nach Hause!"
„Ja, Mama", sagte Bettina.

Auf dem Heimweg rannte sie am Spielzeugladen vorbei, ohne auch nur einen Augenblick anzuhalten.

Plötzlich sah sie eine kleine Katze hinter einem Zaun. Sie schien spielen zu wollen.

Bettina pflückte einen Grashalm und kitzelte das Kätzchen damit.

Es war ganz weich und freundlich und sie spielten lange zusammen.

Erst als sie nach Hause kam, merkte Bettina, wie lange sie gespielt hatte.
„Sieh mal auf die Uhr!“, sagte ihre Mutter aufgeregt.

Wieder musste Bettina alleine essen. Und alles war lauwarm.

Danach musste sie Hausaufgaben machen und ihrer Mutter helfen. Und dann war der Tag vorbei.

„Nicht vergessen, Bettina“, sagte ihre Mutter am nächsten Morgen. Nicht bummeln heute!“
„Ja, Mama“, sagte Bettina.

Nach Schulschluss erinnerte sich Bettina daran, was die Mutter gesagt hatte. Sie rannte am Spielzeugladen vorbei.

Die kleine Katze war wieder da, aber Bettina hielt nicht an. „Tut mir leid, kleine Katze, ich muss doch nach Hause!“, rief sie.

Da sah sie eine Wiese voller gelber Blumen. „Ich mache Mama eine Freude“, sagte sie und pflückte einen großen Blumenstrauß.

Heute ist sie bestimmt nicht böse, wenn sie die schönen Blumen sieht, dachte Bettina.

Aber die Mutter war trotzdem ärgerlich.
„Sieh mal, wie spät es ist“, sagte sie.
„Dieses Bummeln muss aufhören!“

Wieder musste Bettina alleine essen. Und wieder war alles lauwarm.

Danach hatte sie nur noch Zeit, die Hausaufgaben zu machen und zu helfen.

Am nächsten Tag war Samstag. Am Nachmittag setzte die Mutter ihren schönen Strohhut mit dem Rosenrand auf und ging ins Krankenhaus eine Freundin besuchen.

„Zum Abendbrot bin ich wieder da. Kannst du schon alles vorbereiten?“
Bettina fing an, den Tisch zu decken.

Sie holte Brot aus dem Kasten und Butter und Wurst aus dem Kühlschrank.

Sie setzte Wasser auf, um Eier zu kochen.

Bald war alles fertig.

Bettina setzte sich hin und wartete. Das Essen war pünktlich auf dem Tisch.

Sie wartete und wartete, aber keine Mutter kam.

Plötzlich hatte sie einen schrecklichen Gedanken.
Ob Mama auf der Straße etwas passiert war?

Schnell rannte sie zum Fenster. Draußen regnete es.

Vielleicht kommt sie nie mehr nach Hause, dachte Bettina traurig.

Da hörte sie jemanden an der Tür – Mama! Endlich! Bettina rannte ihr entgegen.

„Es fing an zu regnen“, erklärte die Mutter beim Essen, „und ich habe gewartet, bis es aufhörte, weil mein schöner Hut nicht nass werden sollte.“

„Tschüs, meine Kleine", sagte die Mutter am nächsten Montag. „Und denk daran, komm direkt nach Hause."
„Ja, Mama", sagte Bettina.

Sie rannte am Spielzeugladen vorbei.

Sie hielt auch nicht an, als sie die kleine Katze sah.

Sie rannte an der Blumenwiese vorbei.

Sie kam pünktlich nach Hause. Die Mutter freute sich. „Nun können wir beide zusammen essen“, sagte sie.

Als sie ihr schönes, warmes Essen zu sich nahmen, sagte die Mutter: „Nachher hast du Zeit, spielen zu gehen.“

Bettina ging auf die Wiese und spielte mit ihrem Ball. Sie konnte schön springen und rennen ohne die schwere Schultasche.

Die kleine Katze war auch da, und sie spielten lange zusammen, bis die Mutter sie nach Hause rief.

Das Labyrinth im Mais

„Wenn ich groß bin“, sagte David, „möchte ich in den Dschungel fahren. Ich werde nur ein Messer mitnehmen und oben auf einem Baum leben.“
„Wie Tarzan!“, sagte Oma.

„Ich muss mich aber auf den Dschungel vorbereiten“, sagte David. „Ich muss mich abhärten!“
„Wollen wir eine kleine Safari als Übung machen?“, schlug Oma vor. „Wir könnten die Tiere auf den Feldern beobachten.“

Sie machten sich auf den Weg und gingen zu den Feldern. „Da drüben haben die Jungen aus dem Dorf ein Baumhaus gebaut“, sagte David. „Dort werde ich einmal übernachten. Das wäre eine gute Übung.“

Neben ihnen lag ein Maisfeld. Der Mais war hoch und es gab viele zertrampelte Pfade.
„Hier gibt es Wildschweine!“, sagte David.
Aus Spaß grunzte die Oma. „Pass auf, ein Wildschwein kommt!“
„Psst, da ist noch eins“, grunzte auch David. Sie lachten herzlich.
Plötzlich grunzte es ganz laut.
„Warst du das?“, fragten beide gleichzeitig.

Dann hörten sie ein Rascheln im Mais und vor ihnen stand ein riesiges Wildschwein.
„Bleib ganz still stehen!“, flüsterte Oma.
David wollte wegrennen, aber er konnte sich zurückhalten. Das Wildschwein schaute sie eine Weile mit seinen dunklen Augen an, dann aber drehte es sich um und lief davon.

„Jetzt aber schnell weg!“, rief David und rannte den Pfad entlang, bis er zwischen den Maiskolben verschwand. Oma folgte ihm, aber sie konnte nicht so schnell laufen.

Es gab mehrere Pfade. Oma zögerte. Sie wusste nicht, welchen Weg sie nehmen sollte. Es war ein richtiges Labyrinth. Sie war ganz allein und hatte ein wenig Angst.

„David, wo bist du?“, rief sie.

„Hier bin ich!“, antwortete David. „Ich bin auf dem Baum! Siehst du mich?“
Oma drehte sich um und sah David winken. Zum Glück ragte der Baum über den Mais hinaus.

„Geh nach links! Dann rechts und dann wieder links!“, rief David. Die Oma folgte seinen Anweisungen. Bald war sie außerhalb des Maisfelds.

„Endlich“, sagte sie. „Das war eine richtige Safari! Sogar wilden Tieren sind wir begegnet!“
„Aber sie haben uns nicht verspeist“, sagte David.
„Nur von Mücken werden wir jetzt zerfressen“, antwortete die Oma. „Gehen wir lieber schnell nach Hause!“